Mandalas de Flores

Volumen 1

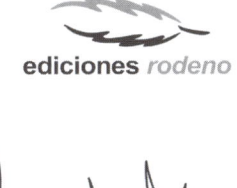

ediciones *rodeno*

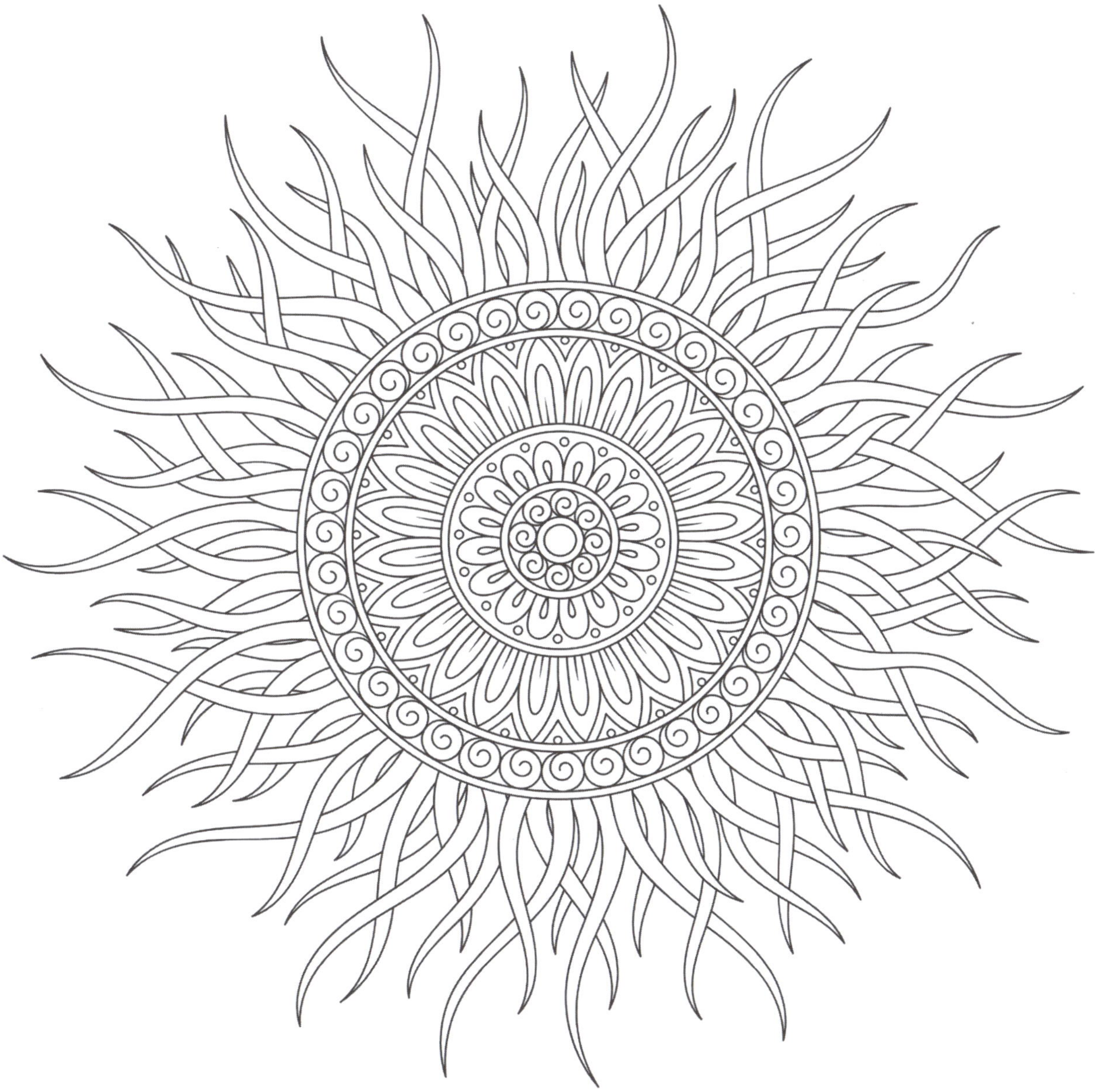

LIBRO DE COLOREAR PARA ADULTOS

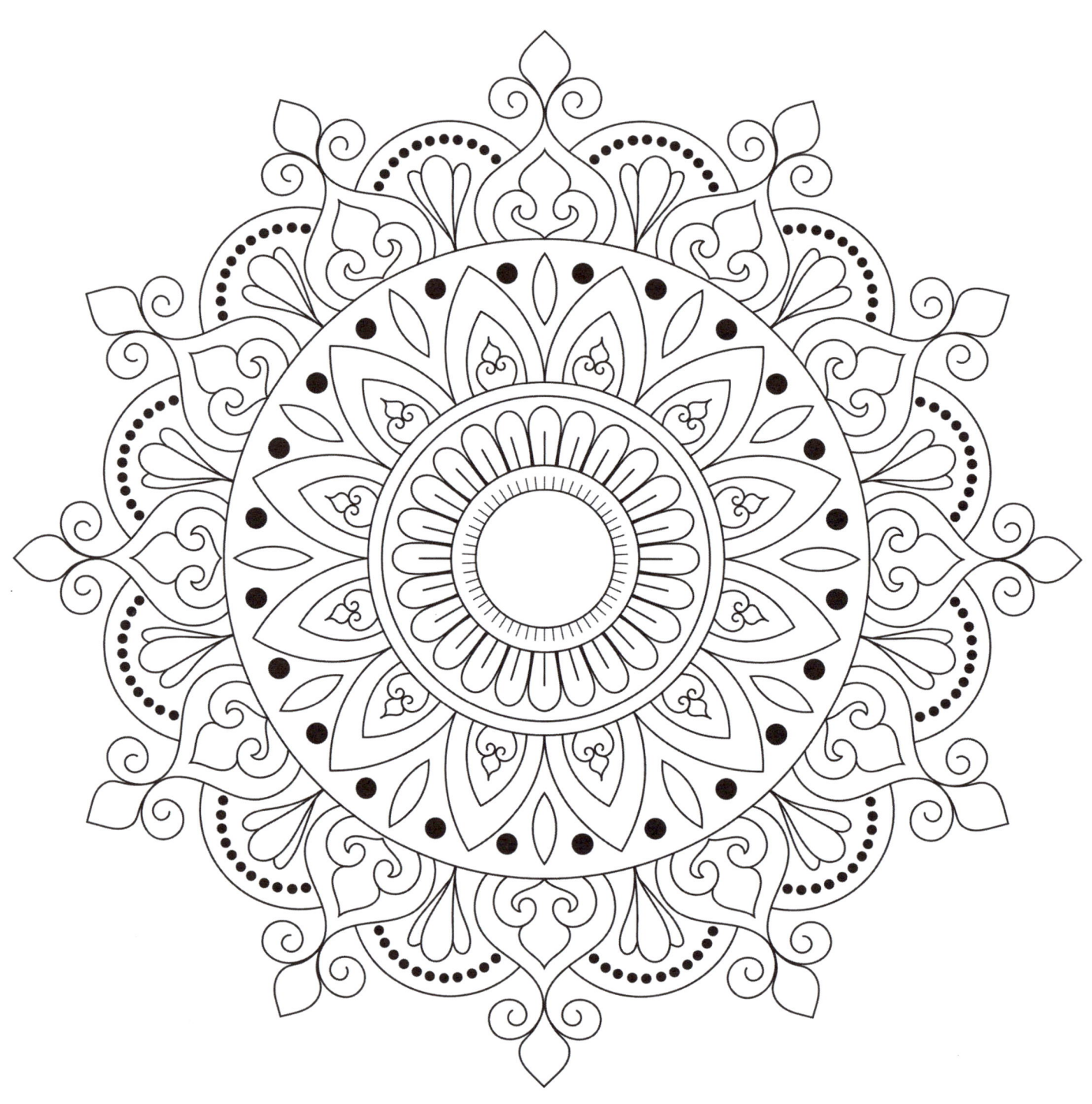

© Ediciones Rodeno, 2026
C/ Cruz roja, 11. Pta. 4
46400 Cullera (Valencia)
www.edicionesrodeno.com
ISBN: 979-13-990524-1-1

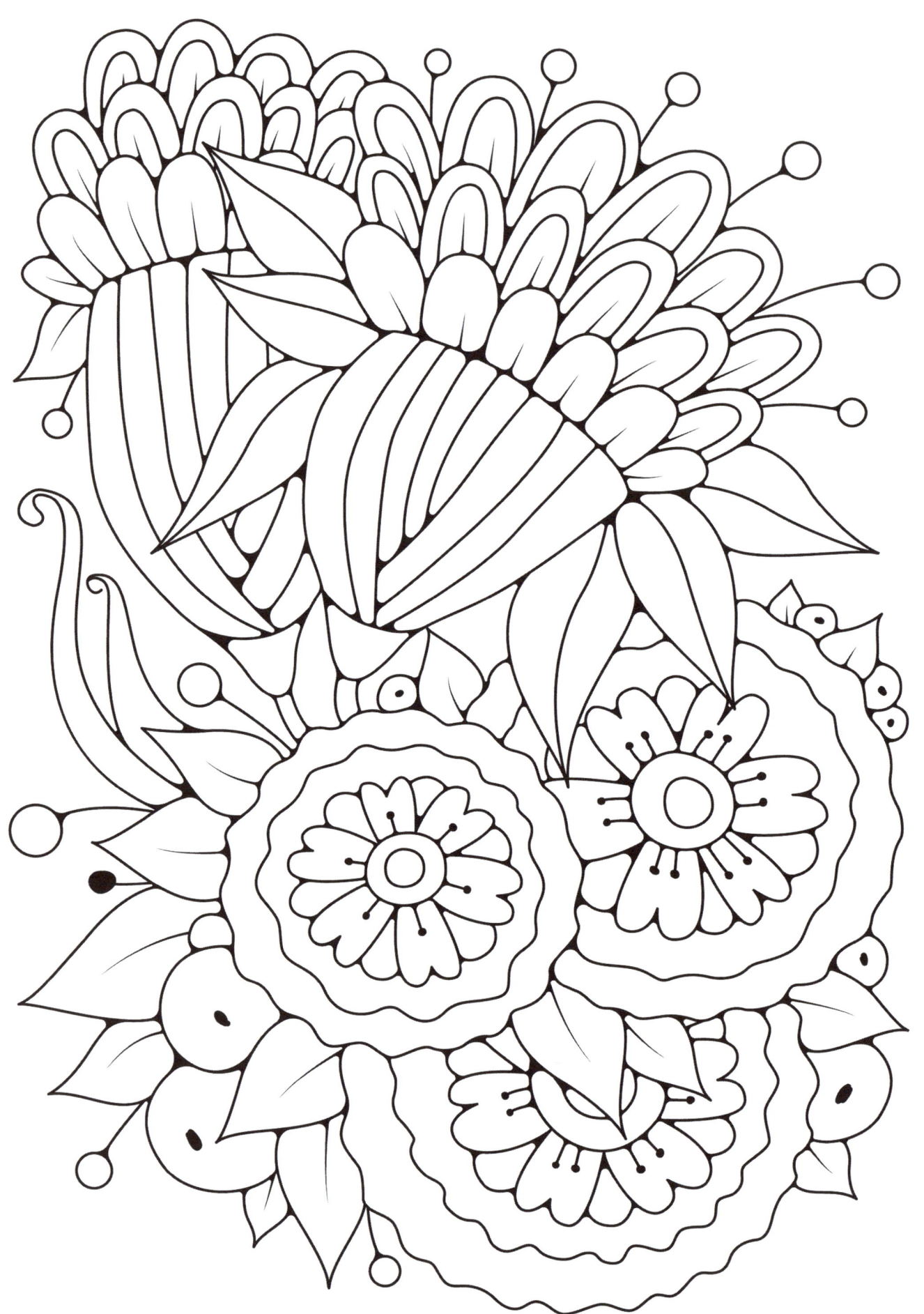

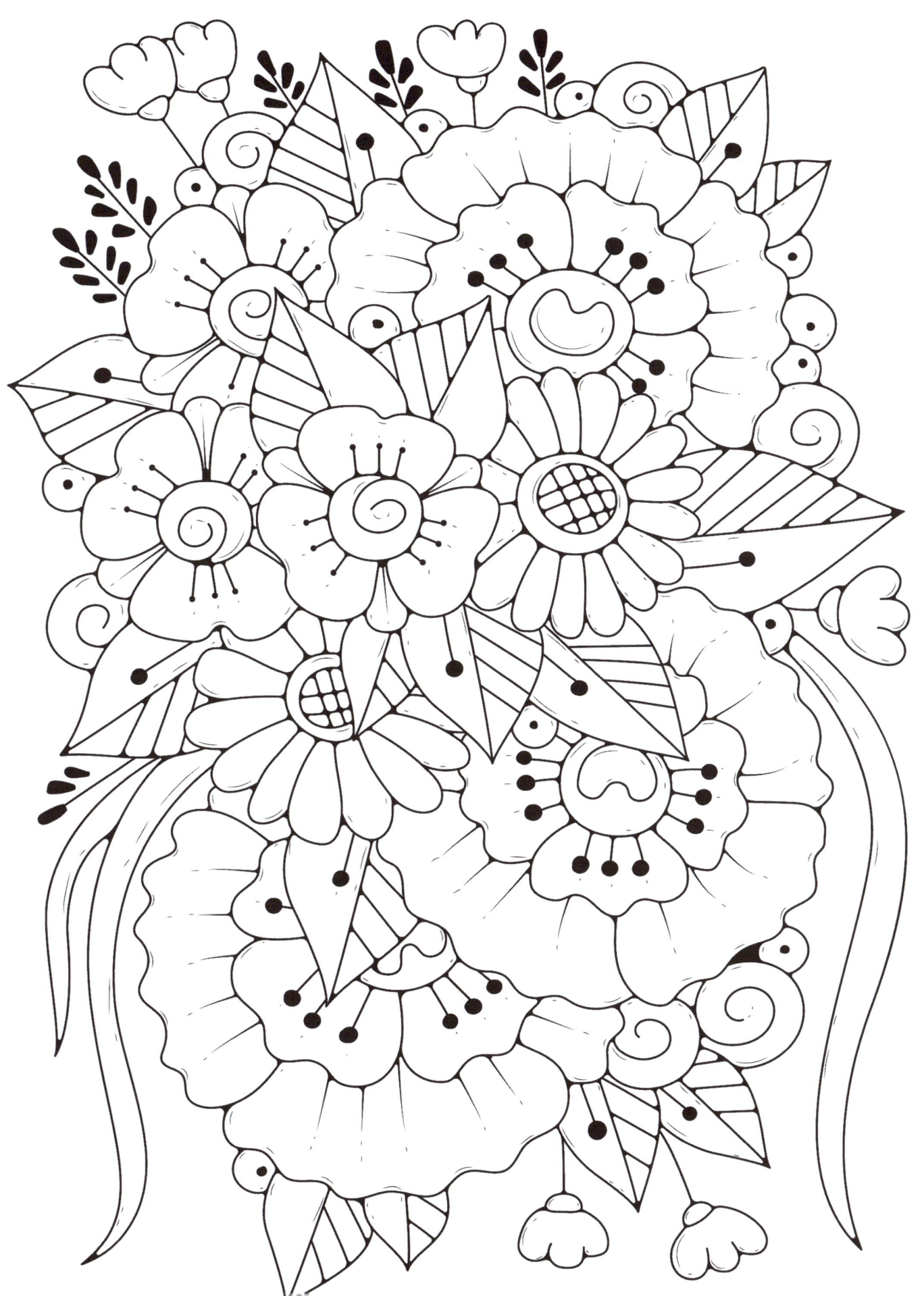

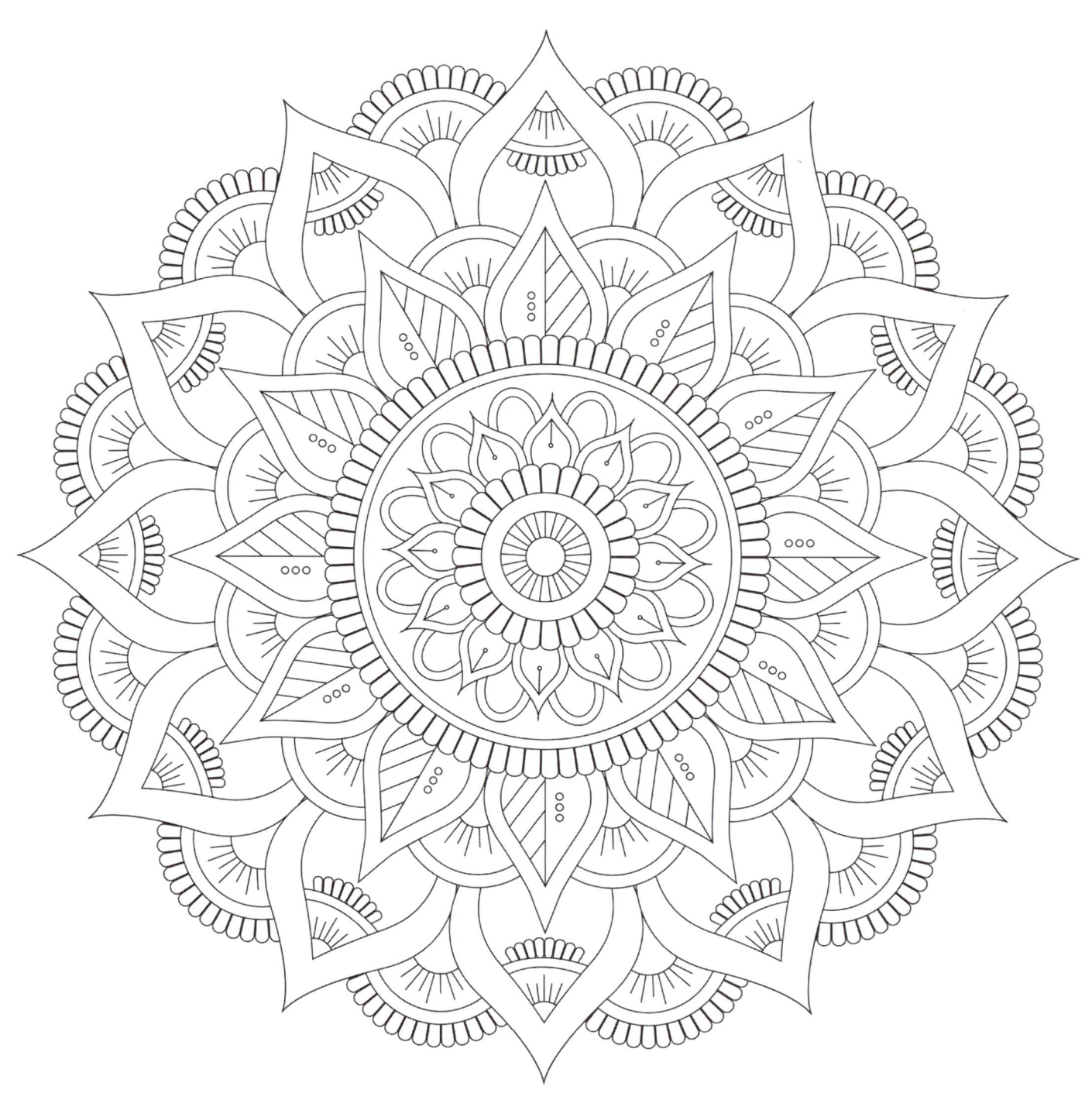

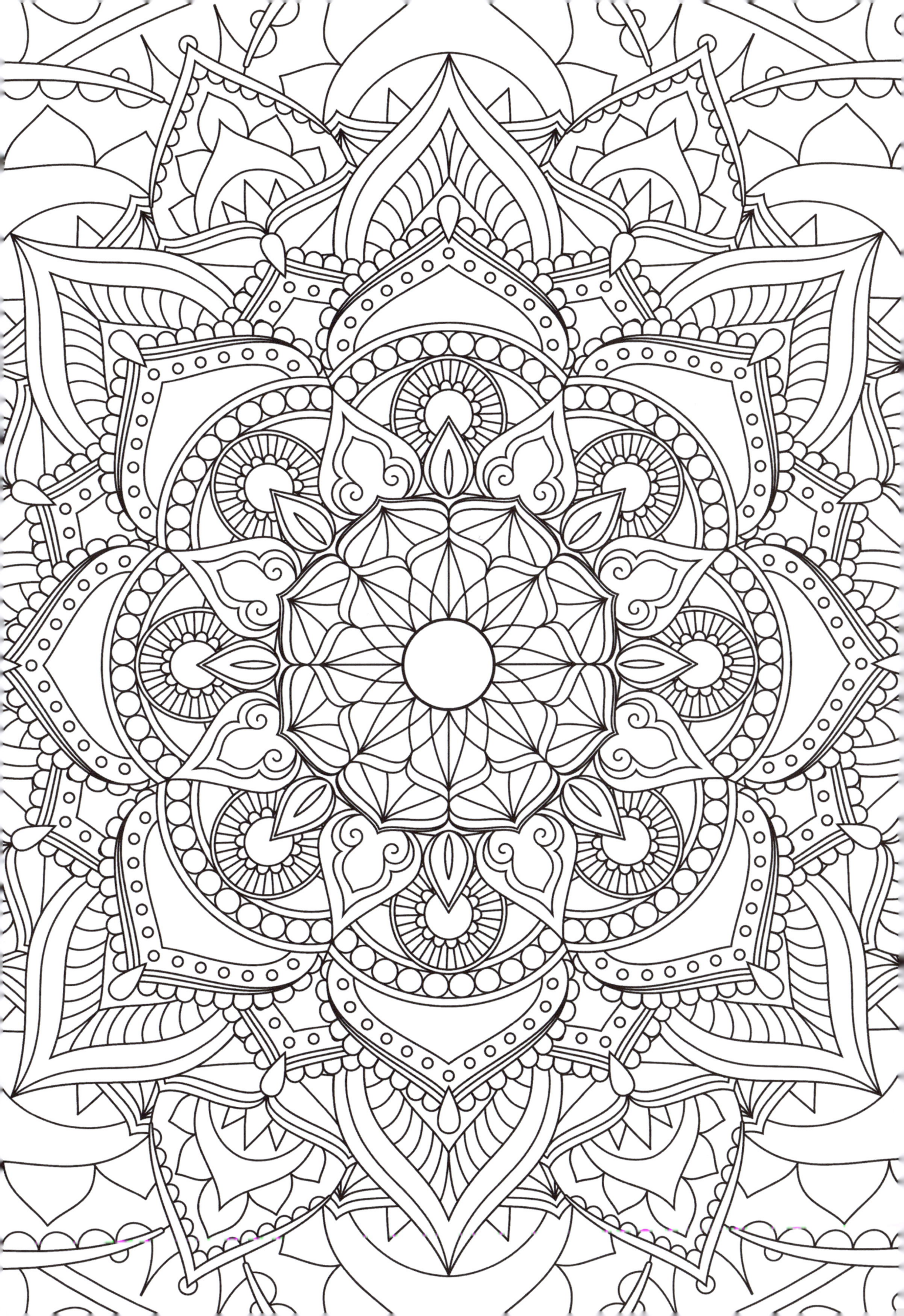

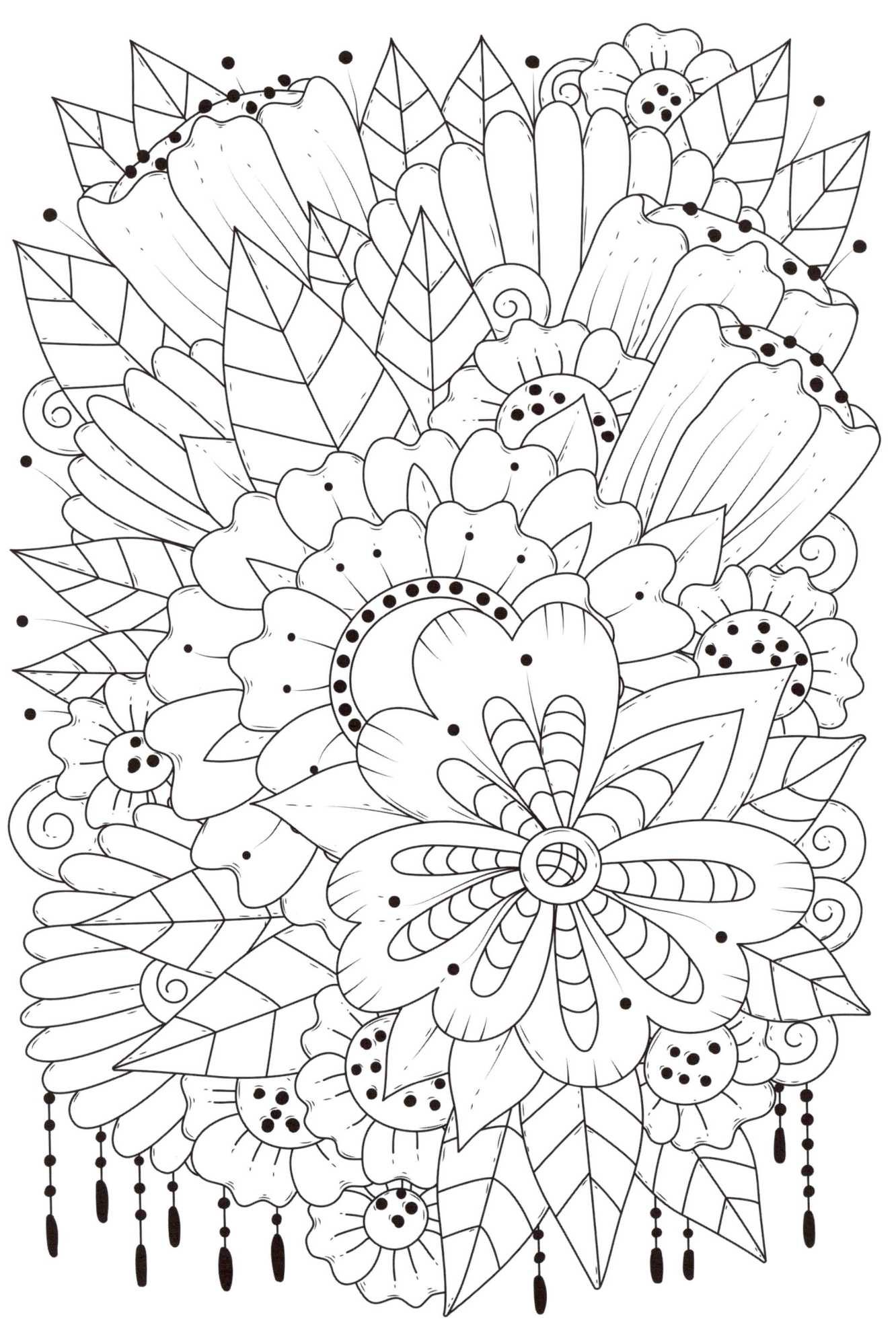

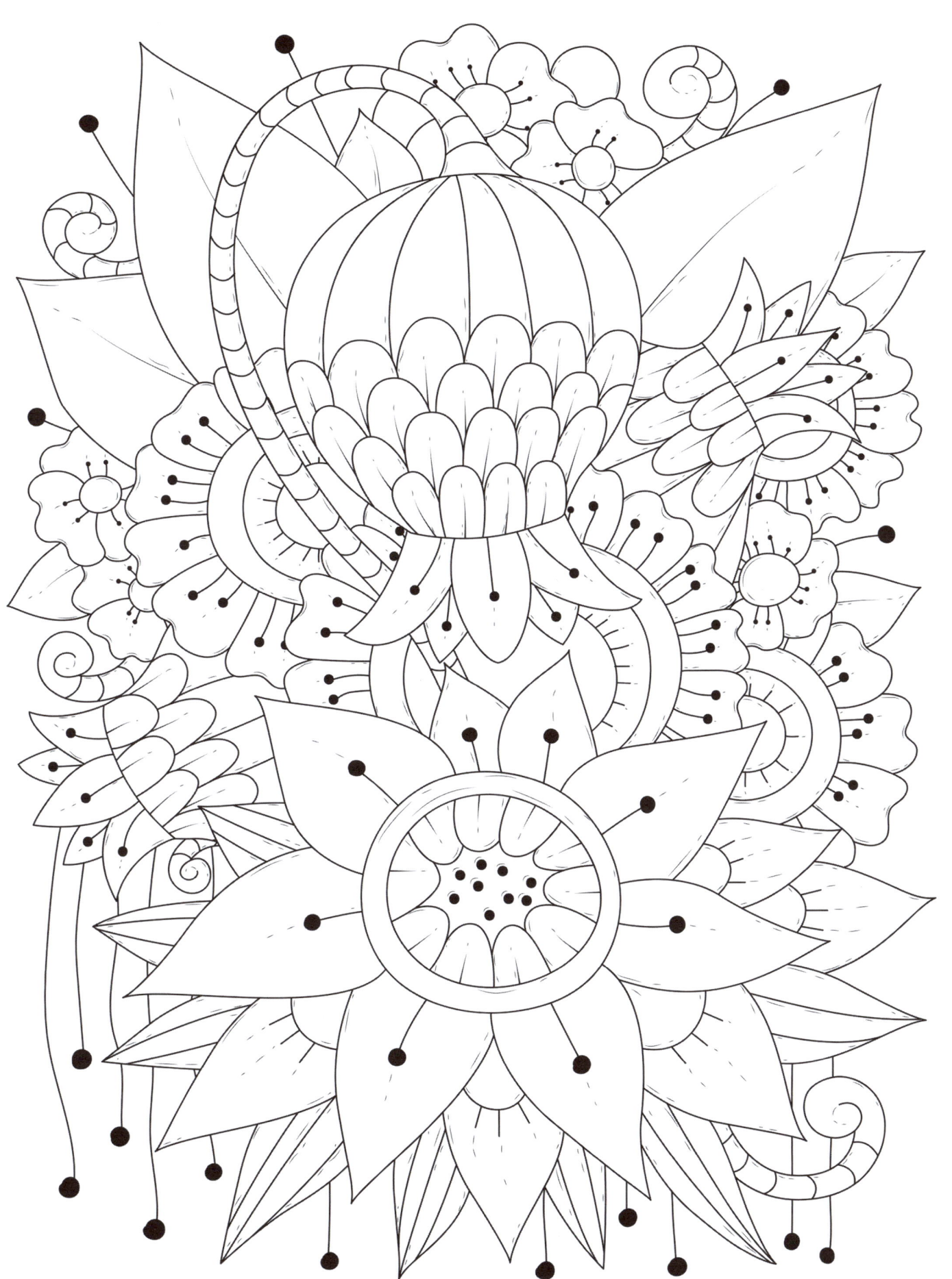

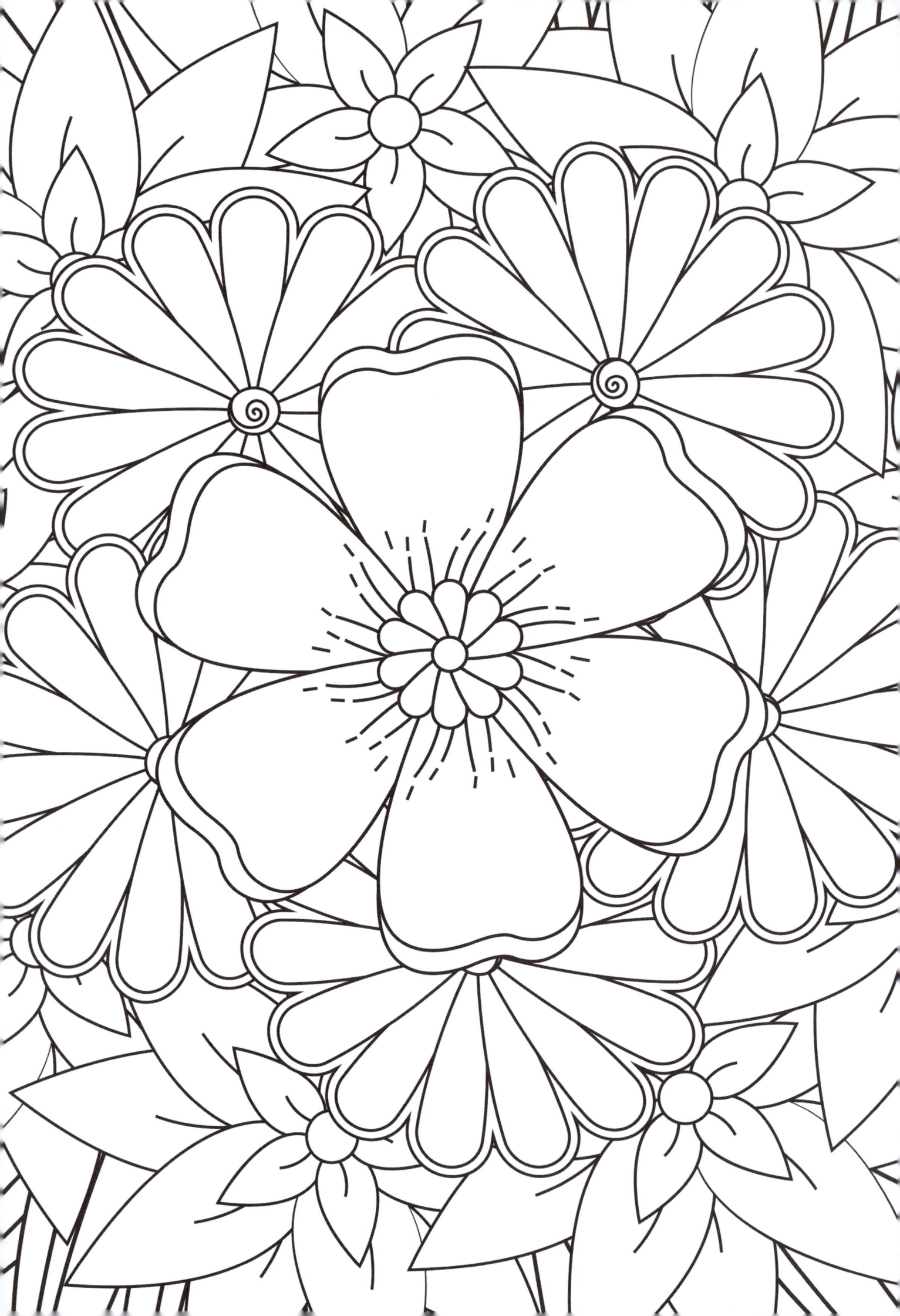

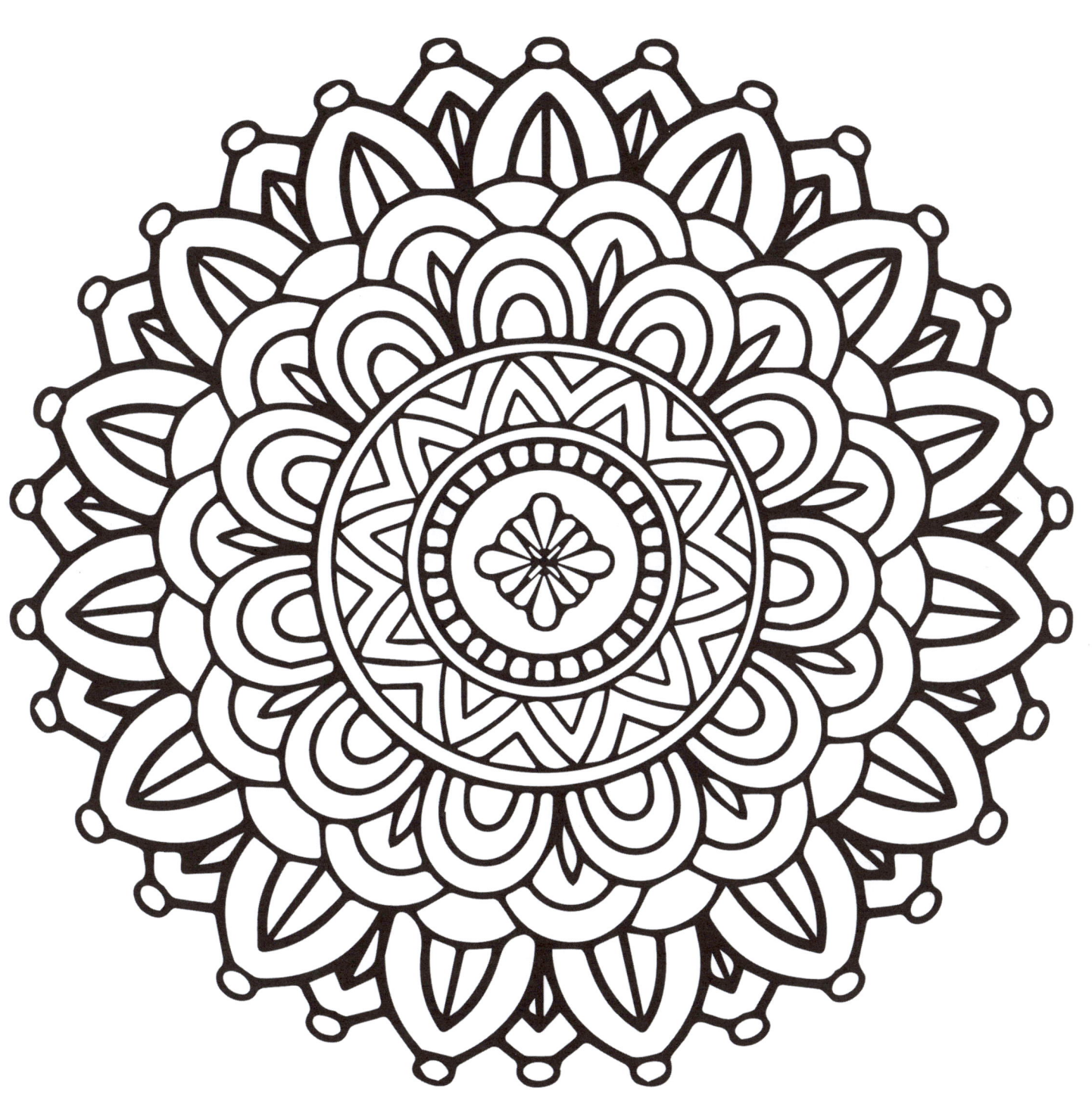

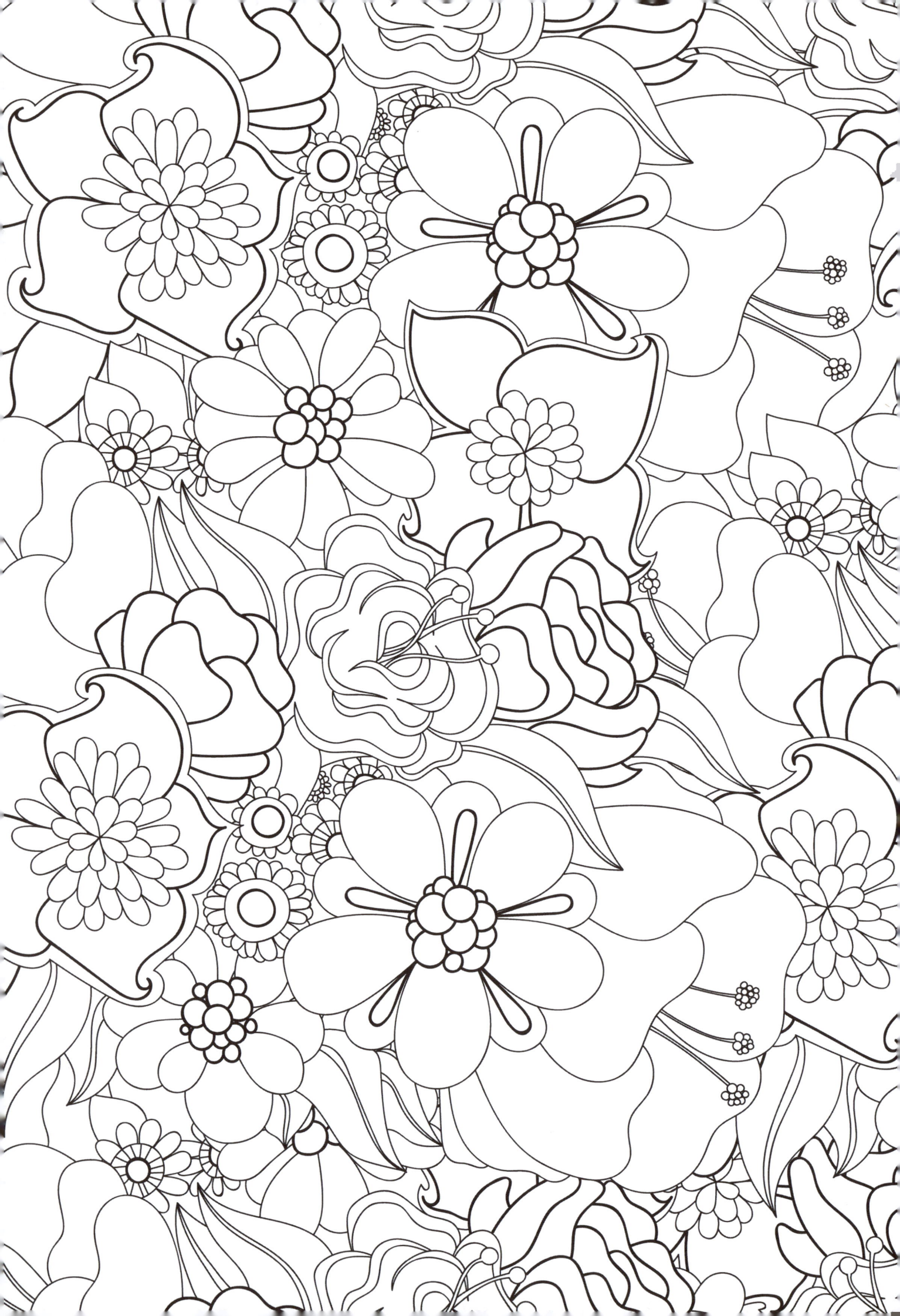

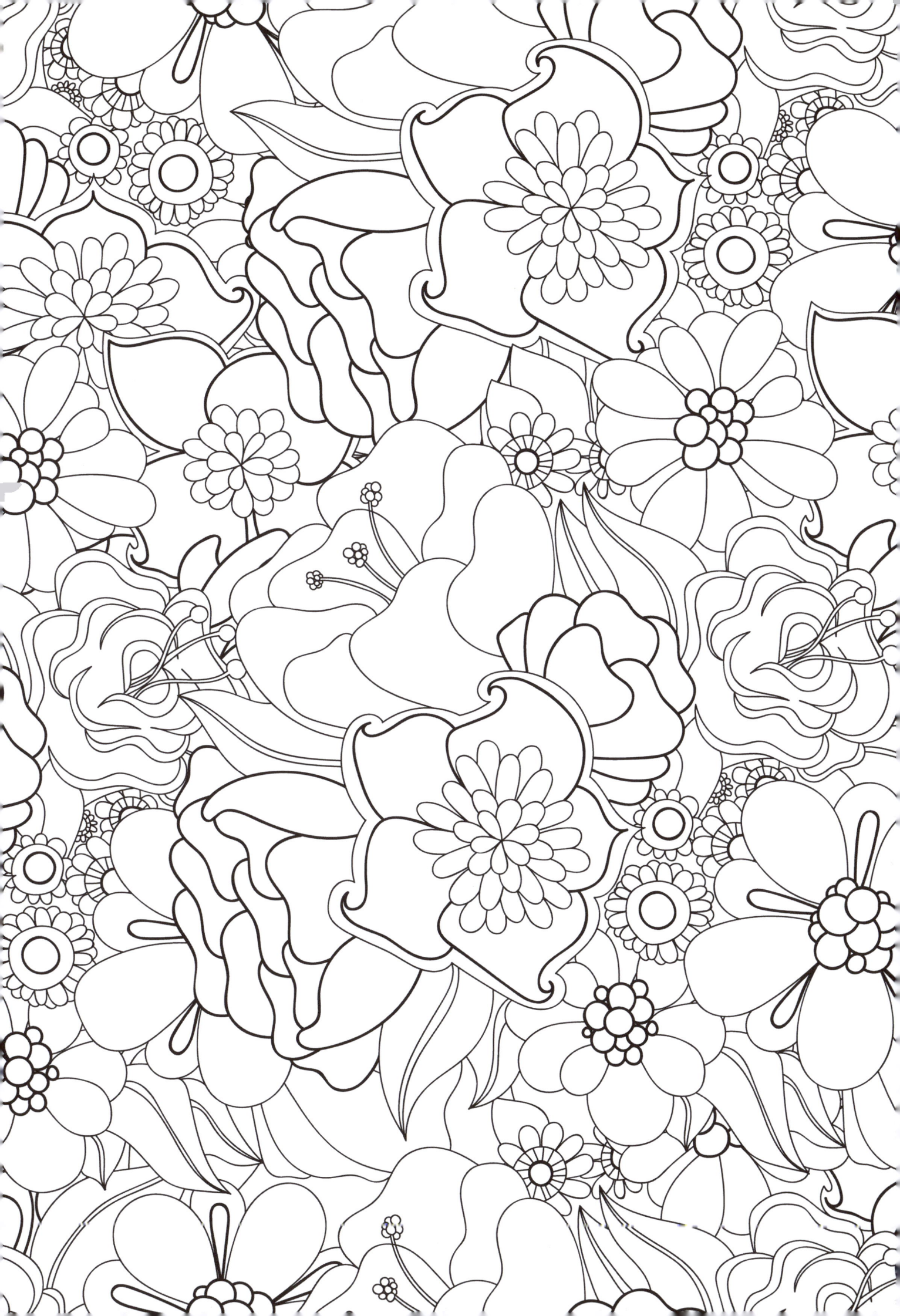

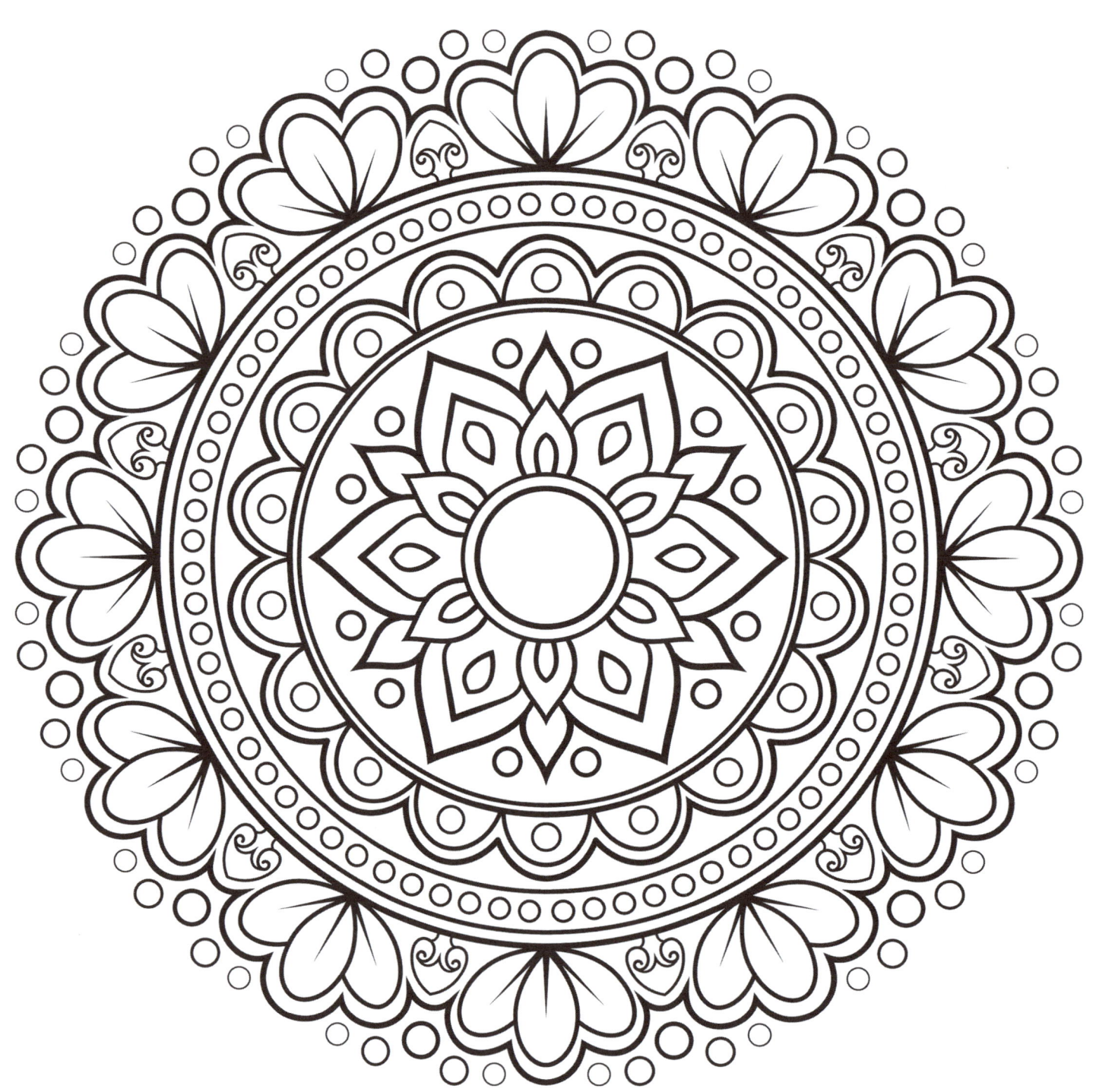

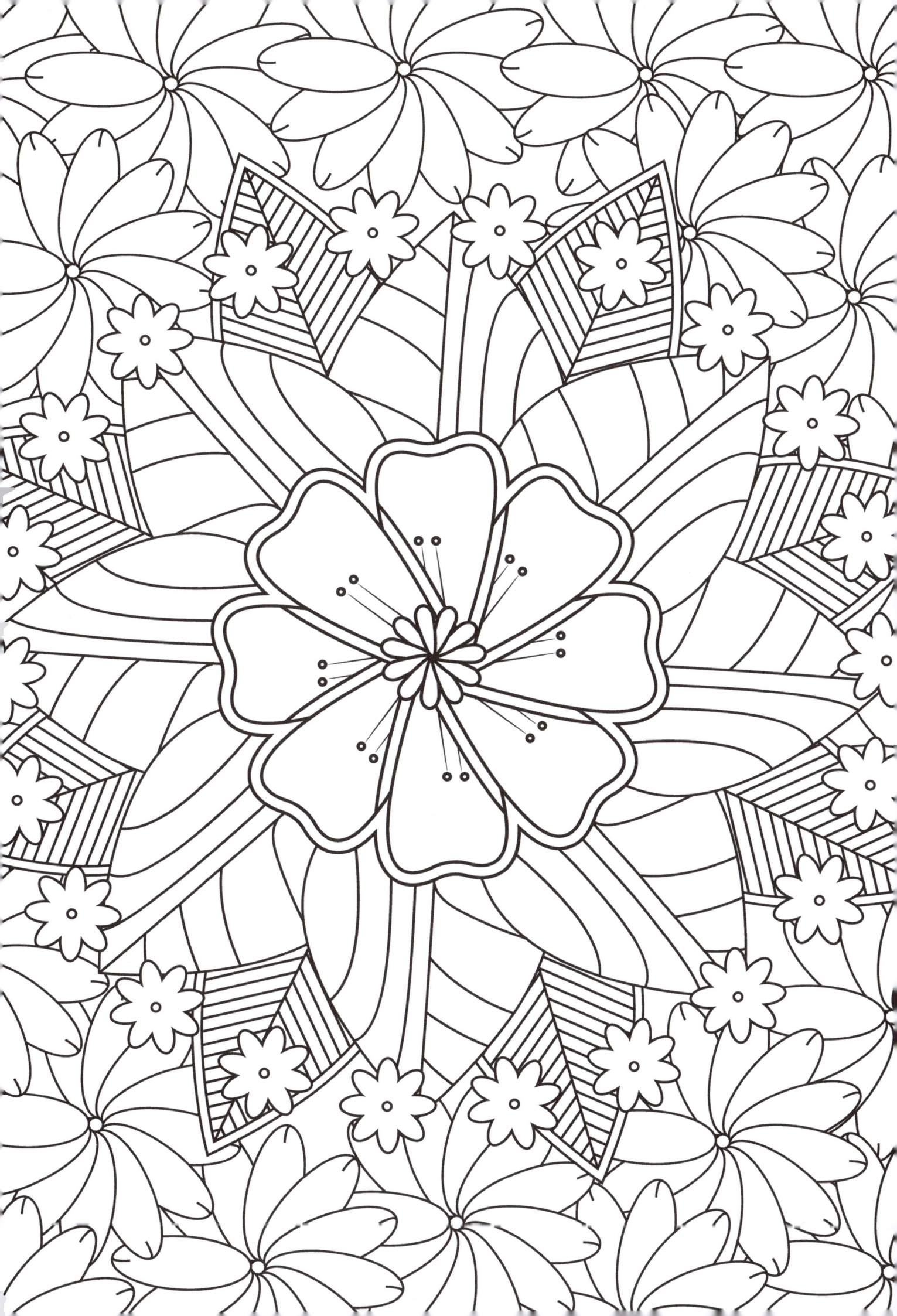

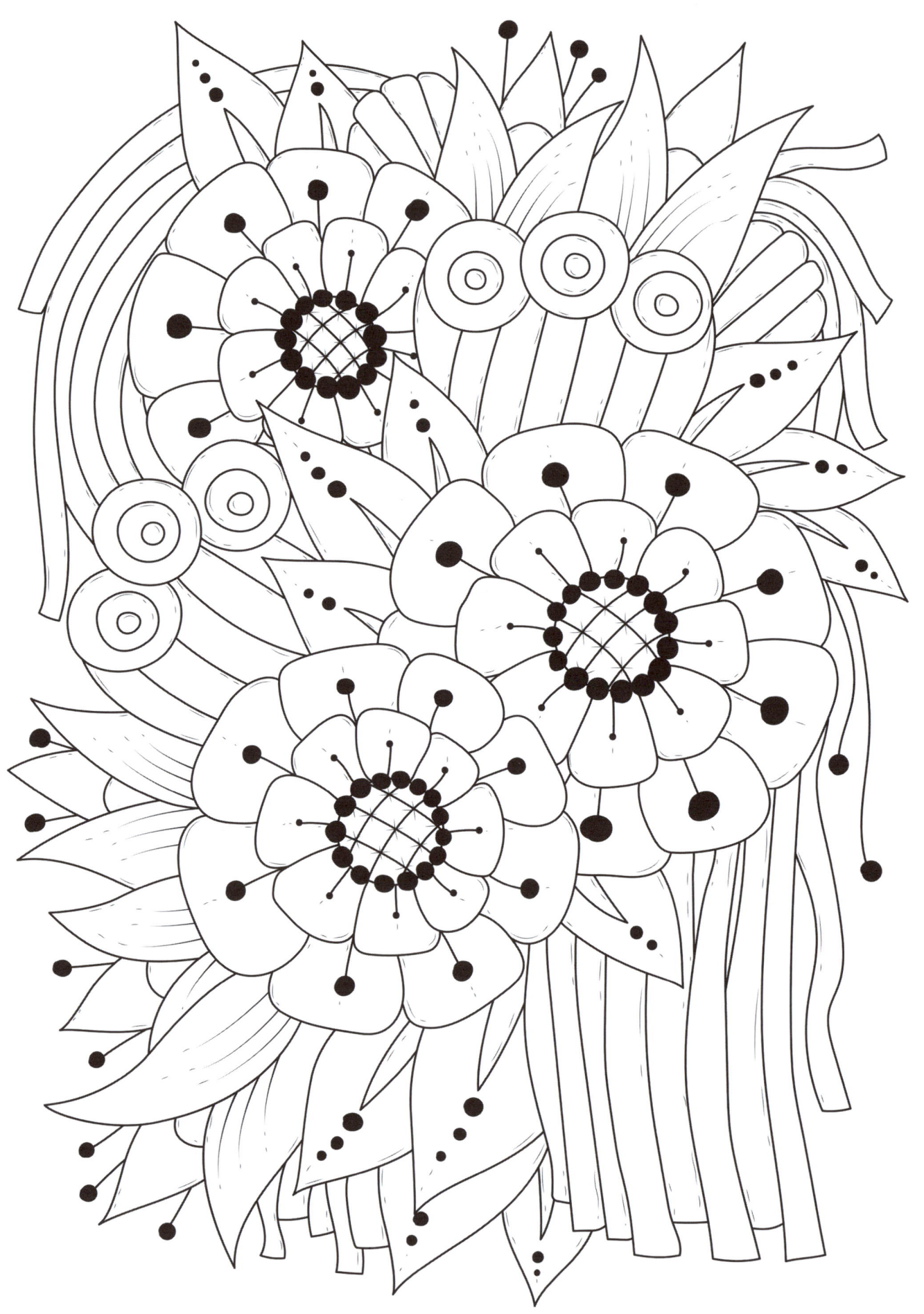

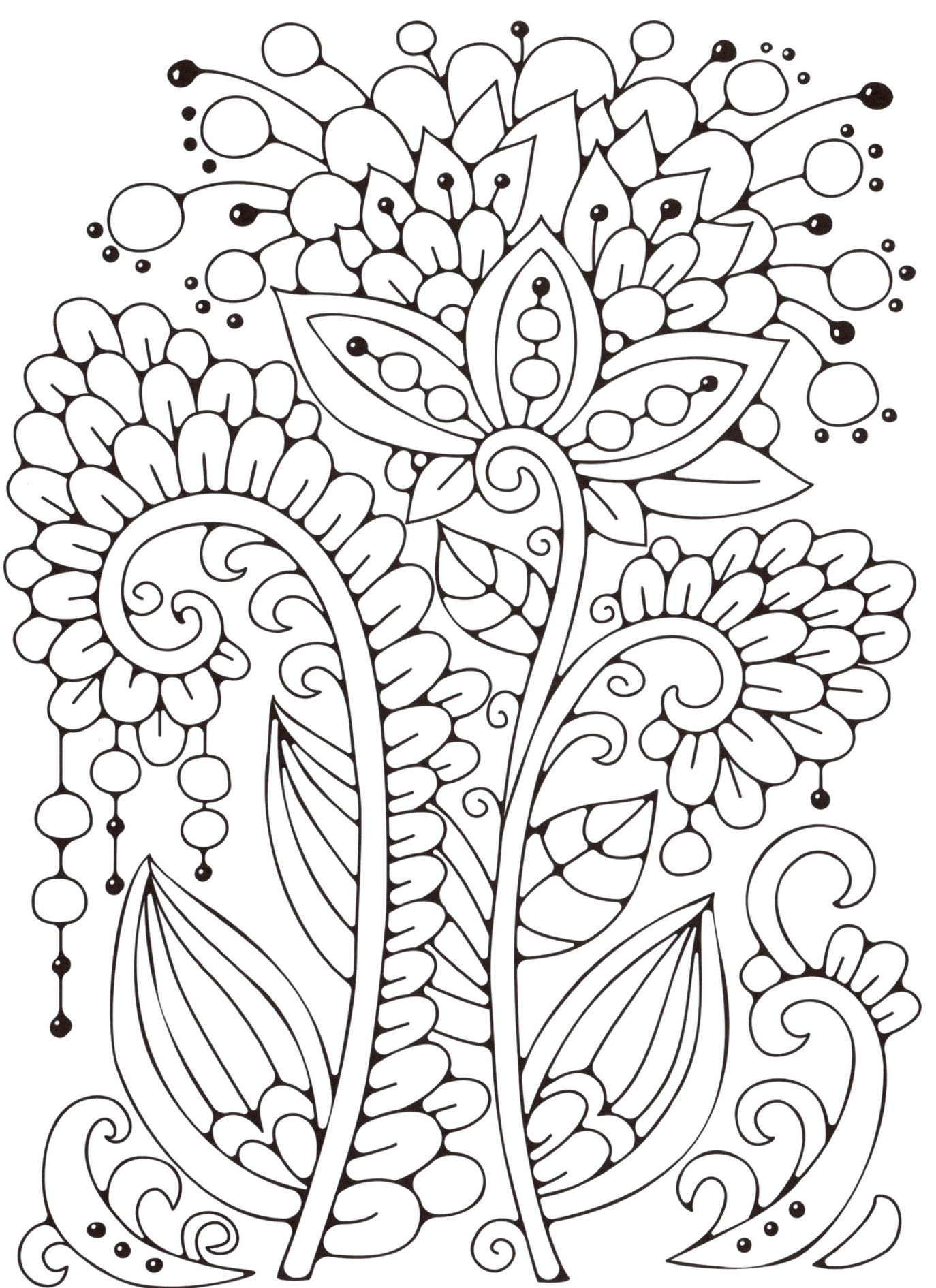

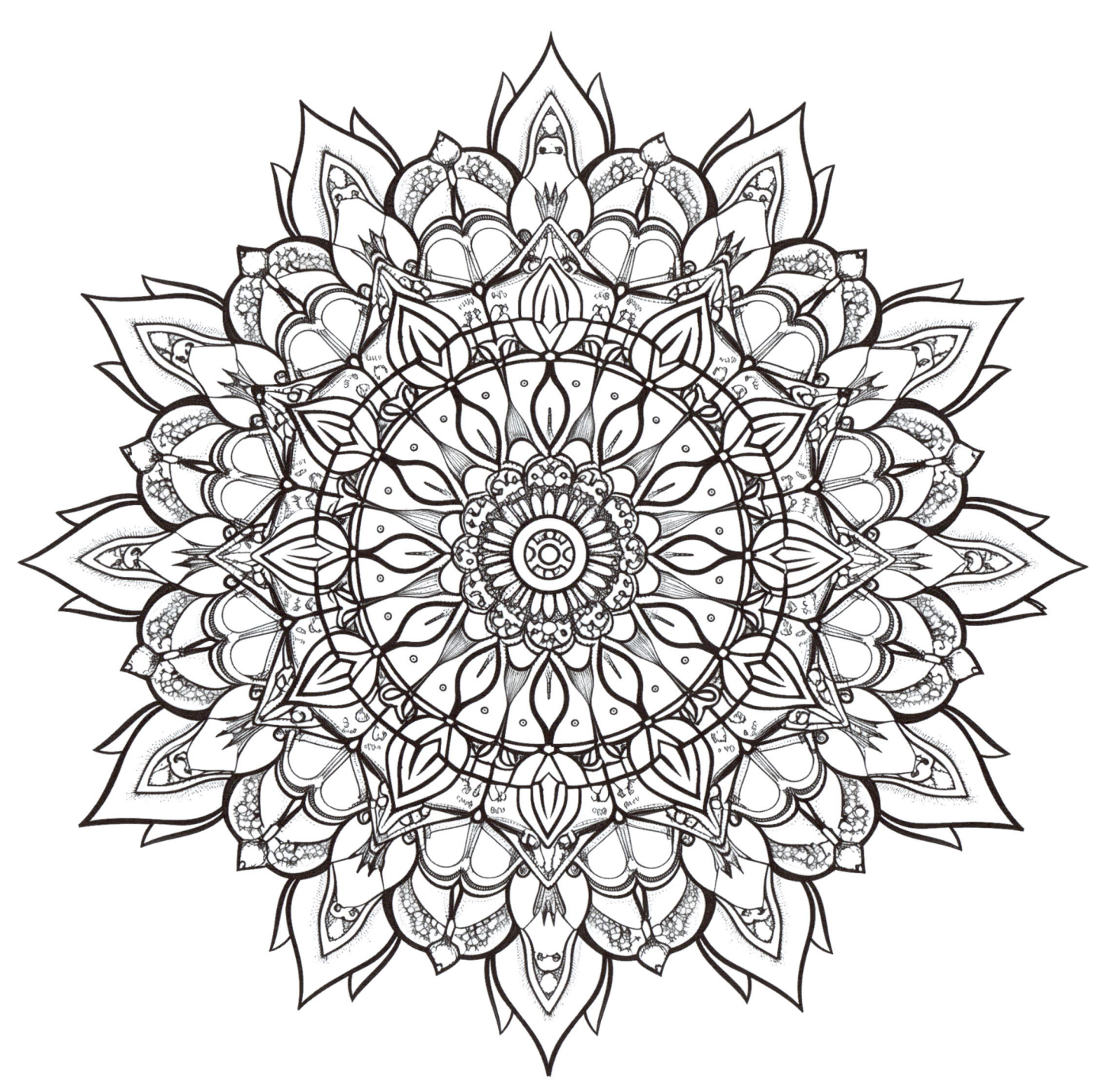

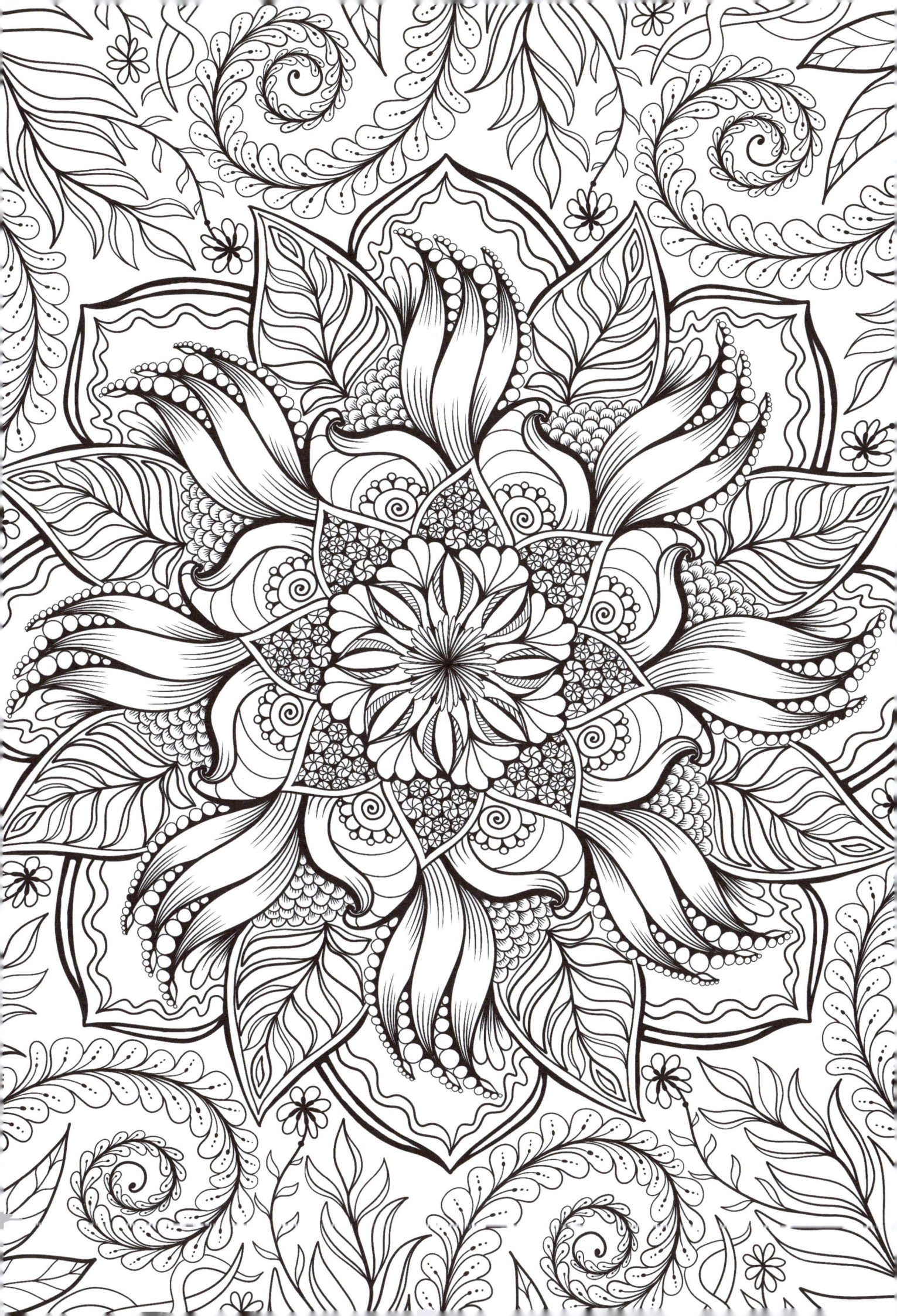

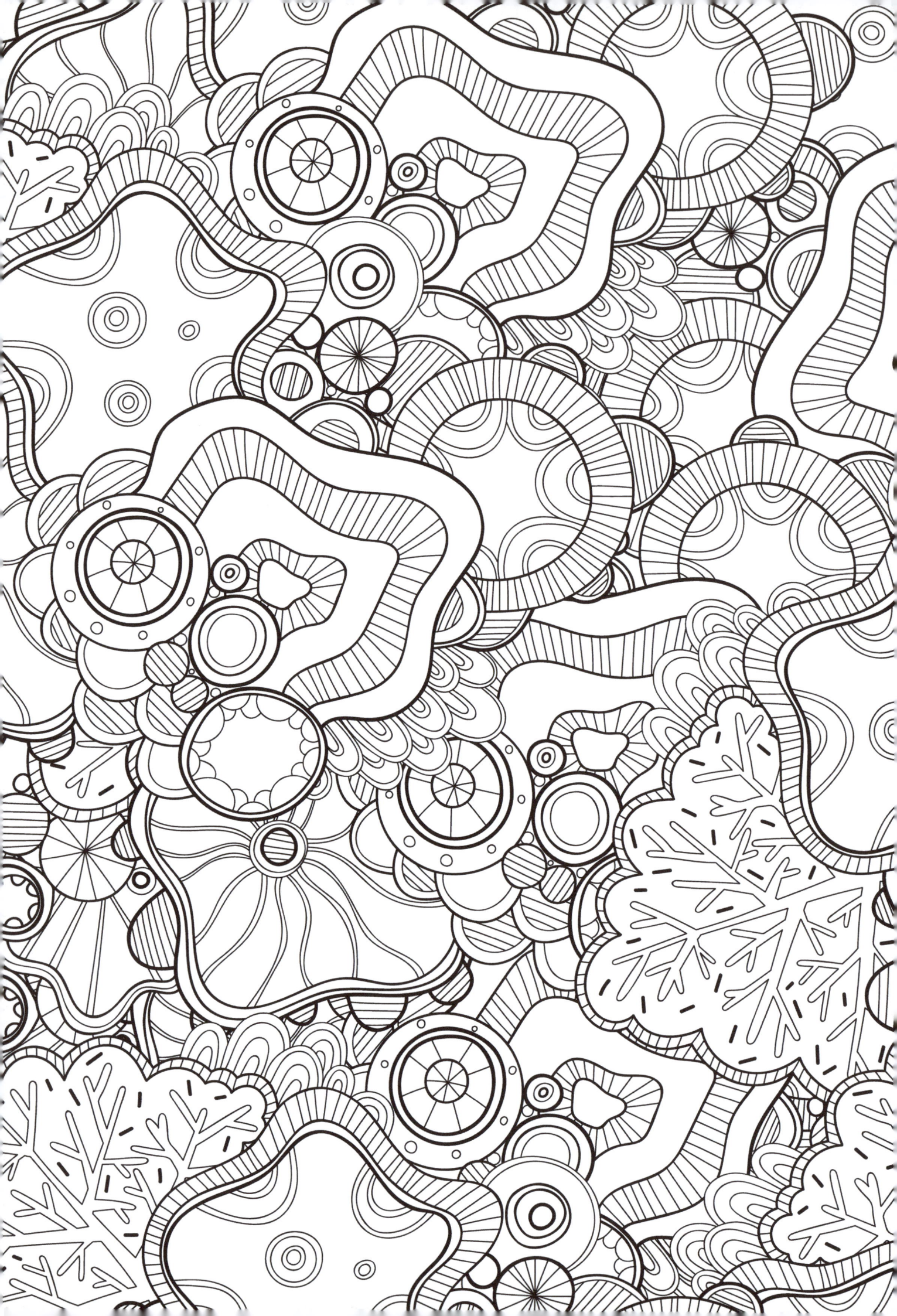

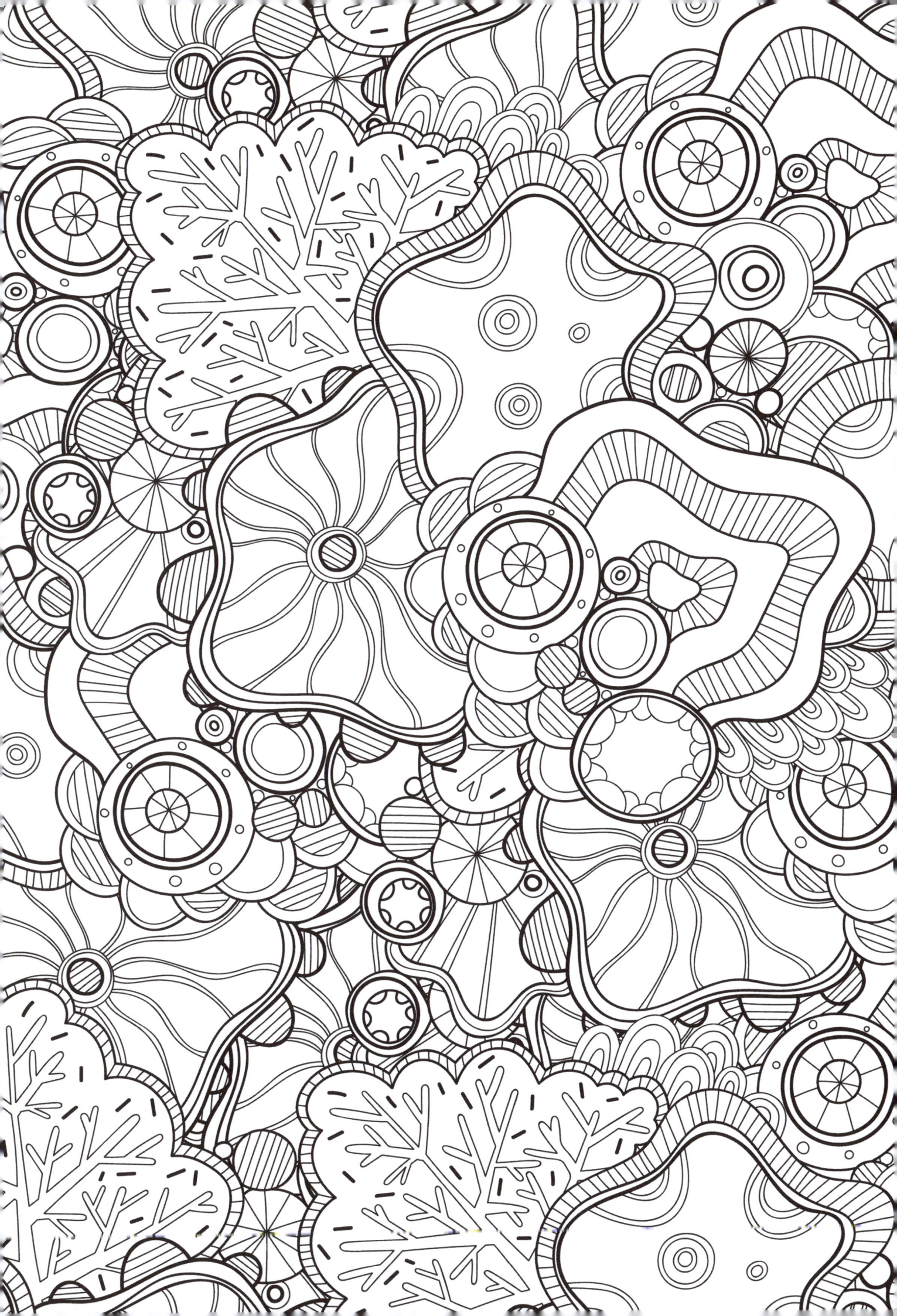

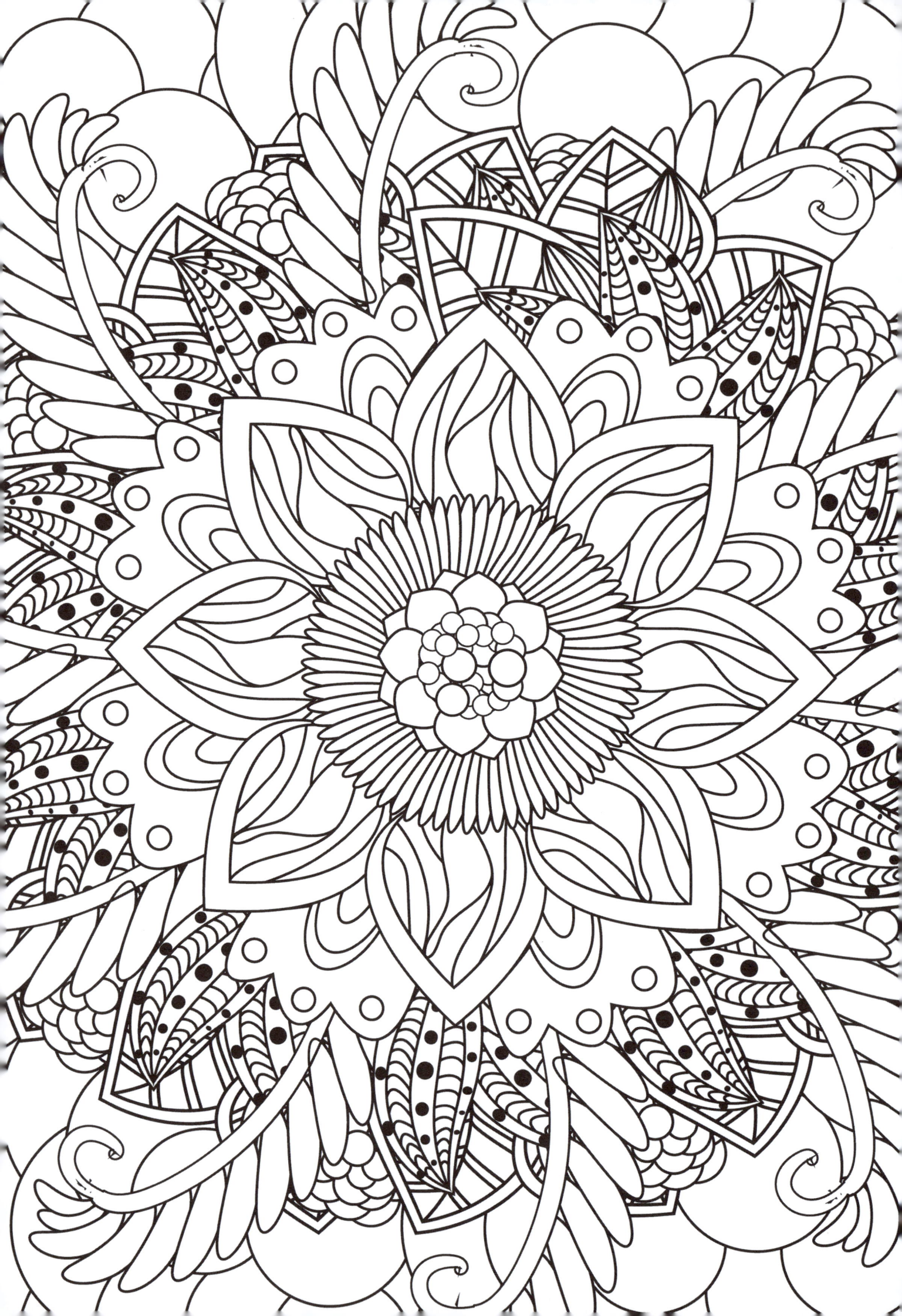

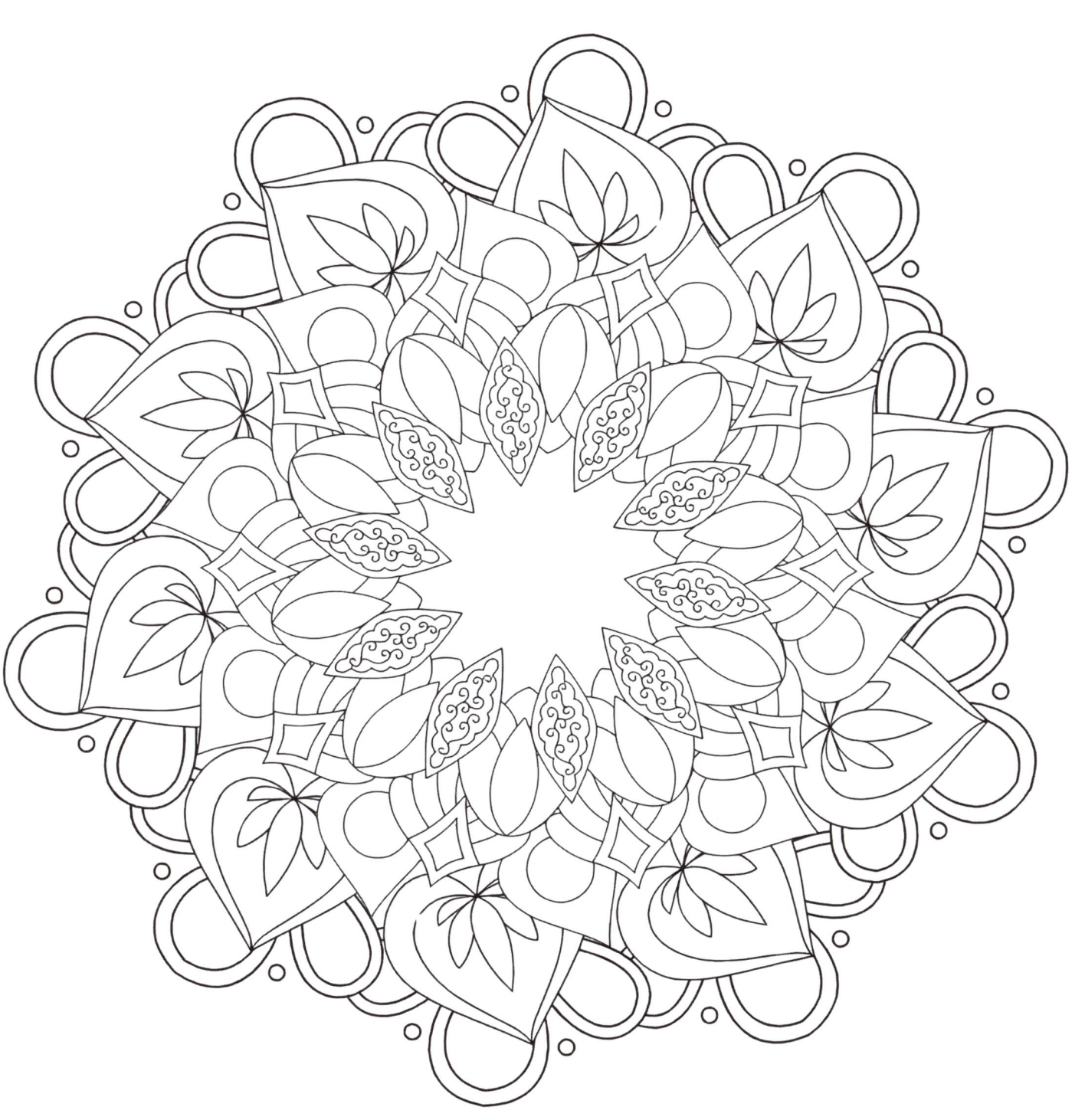

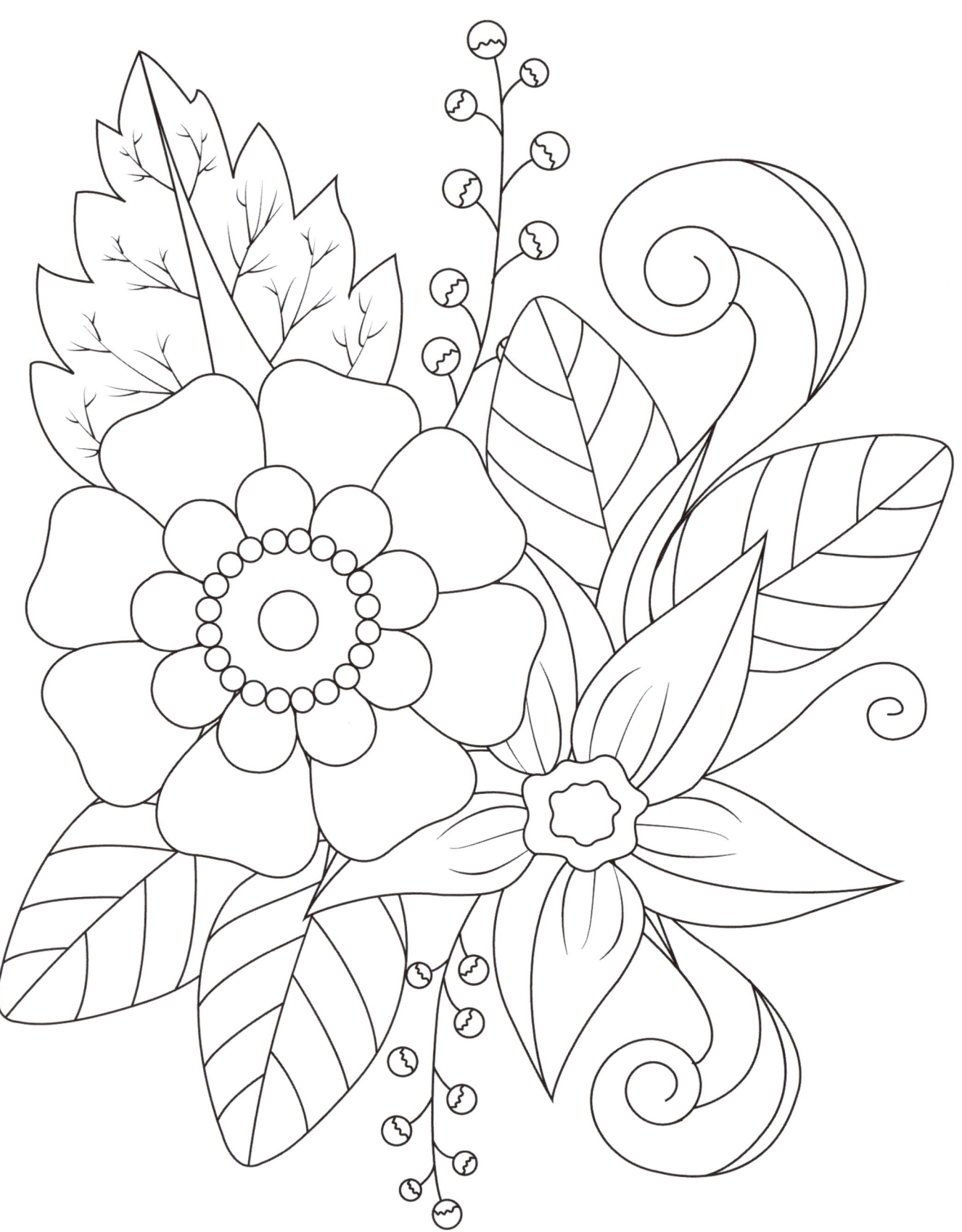

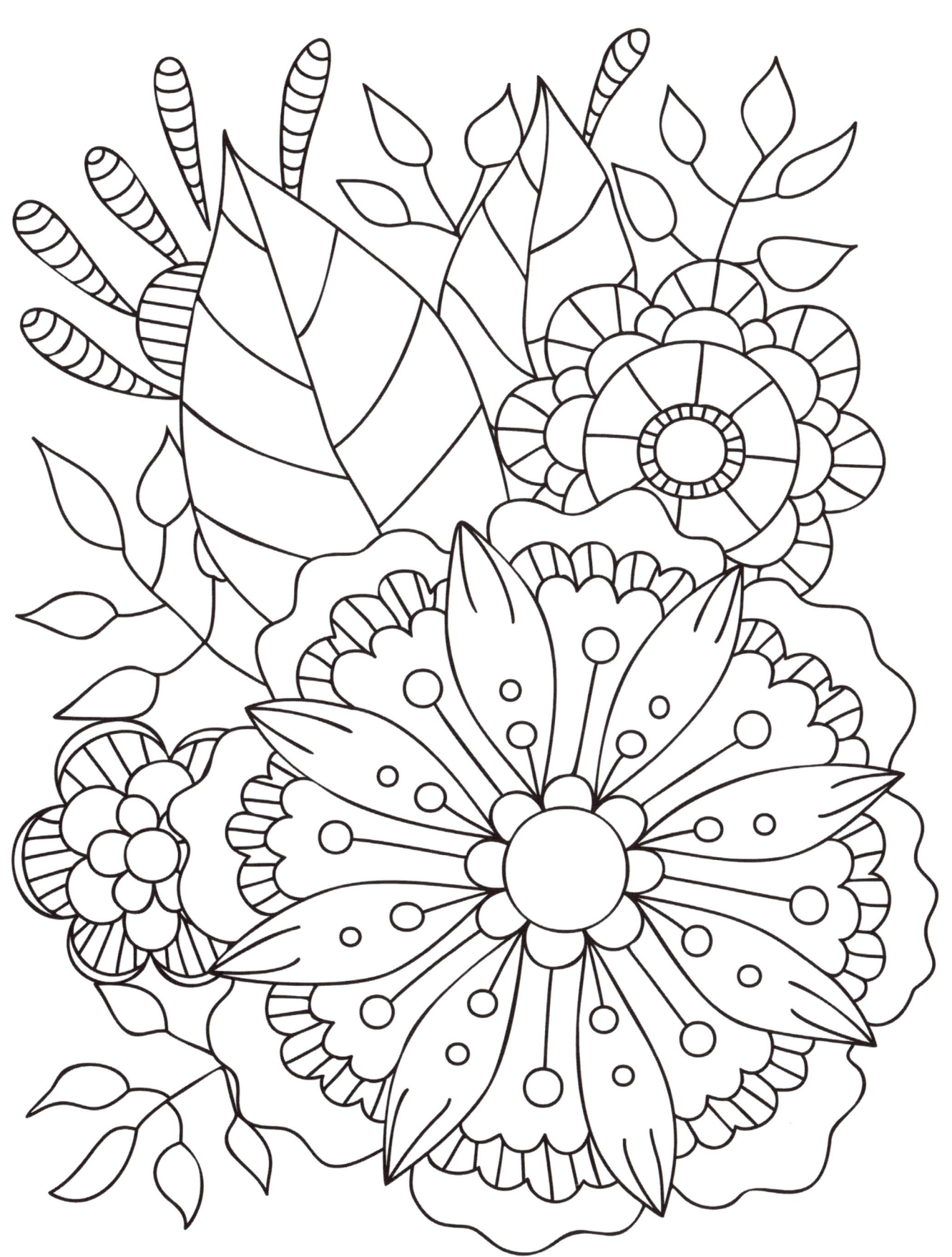

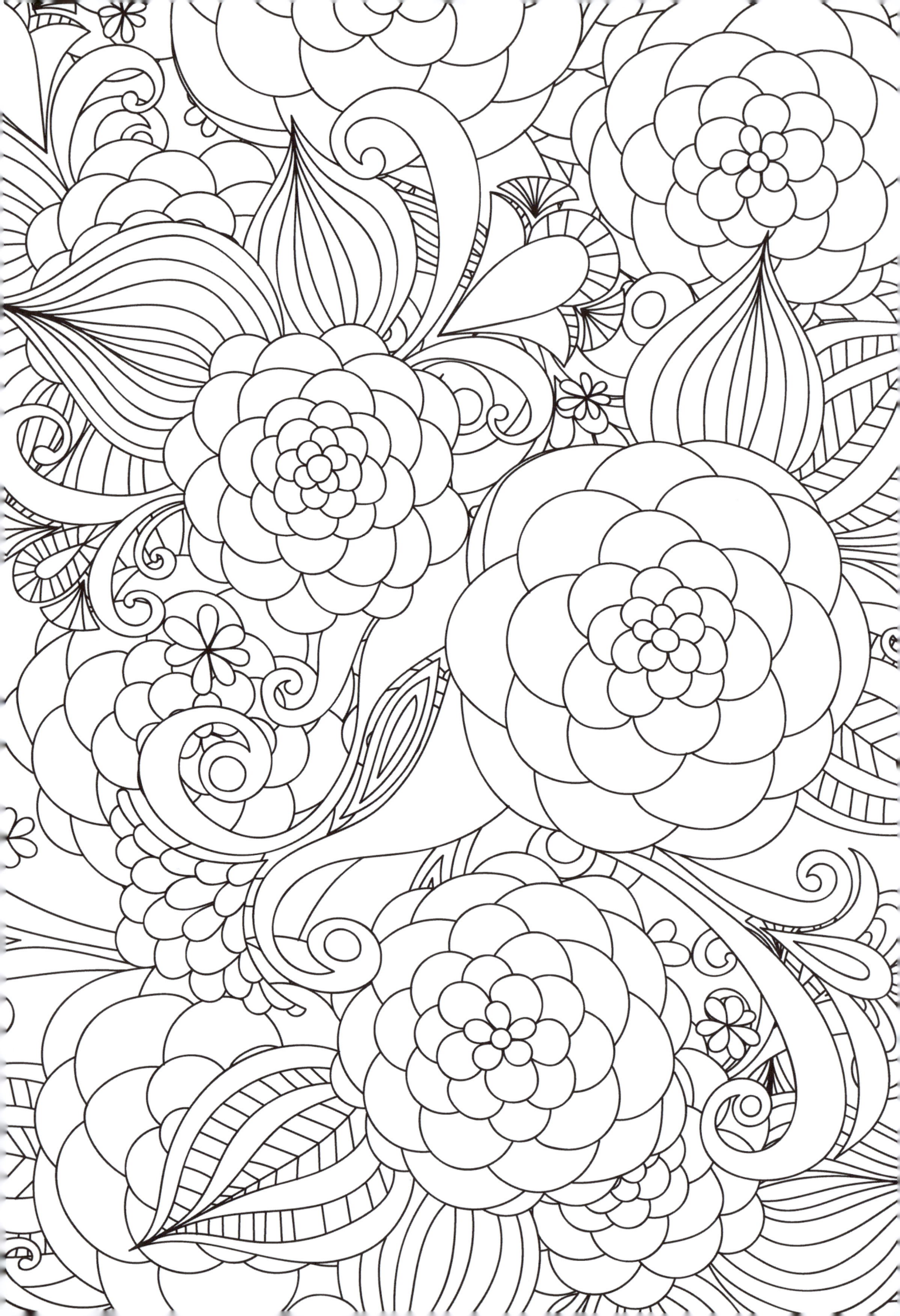

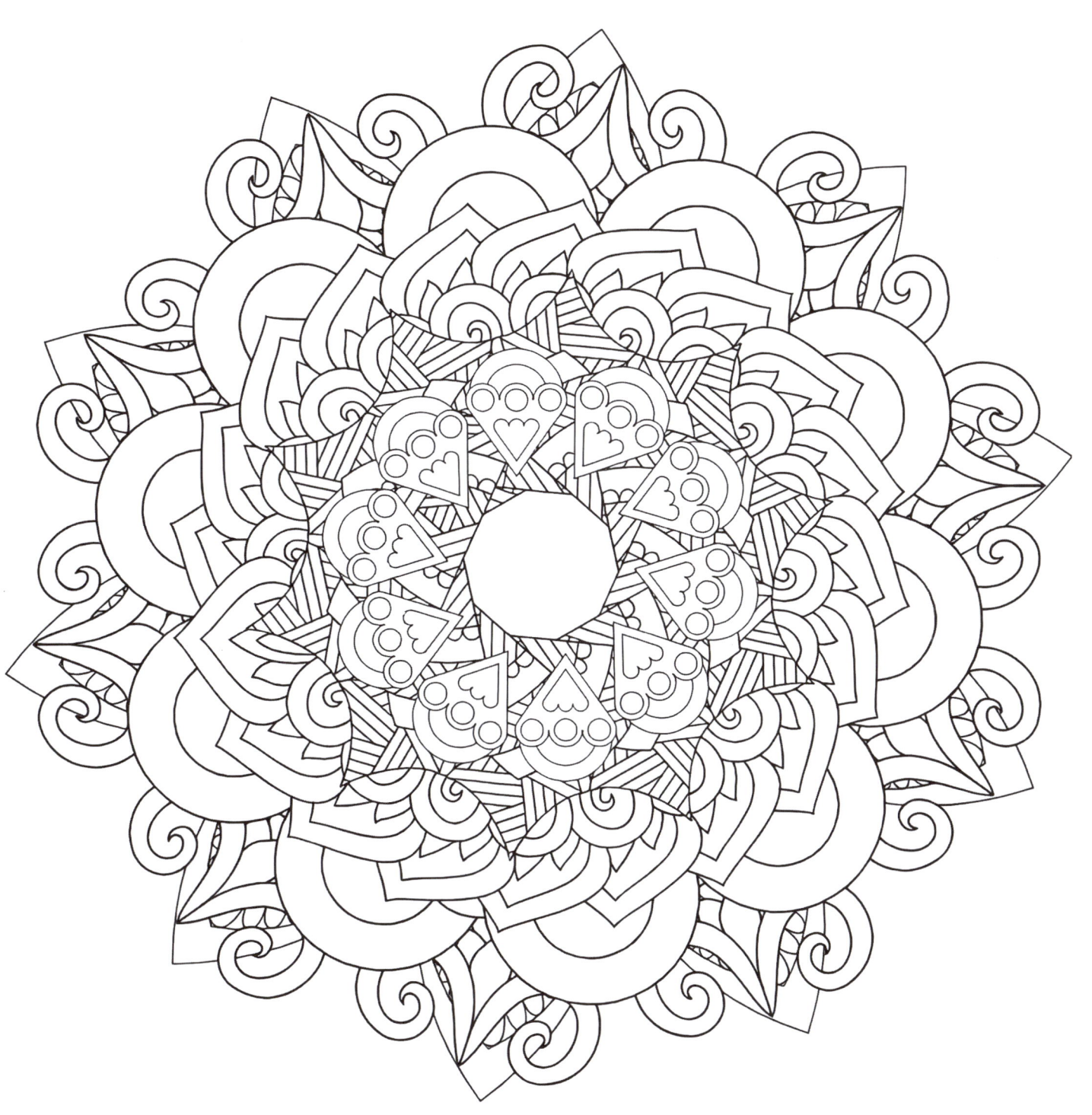

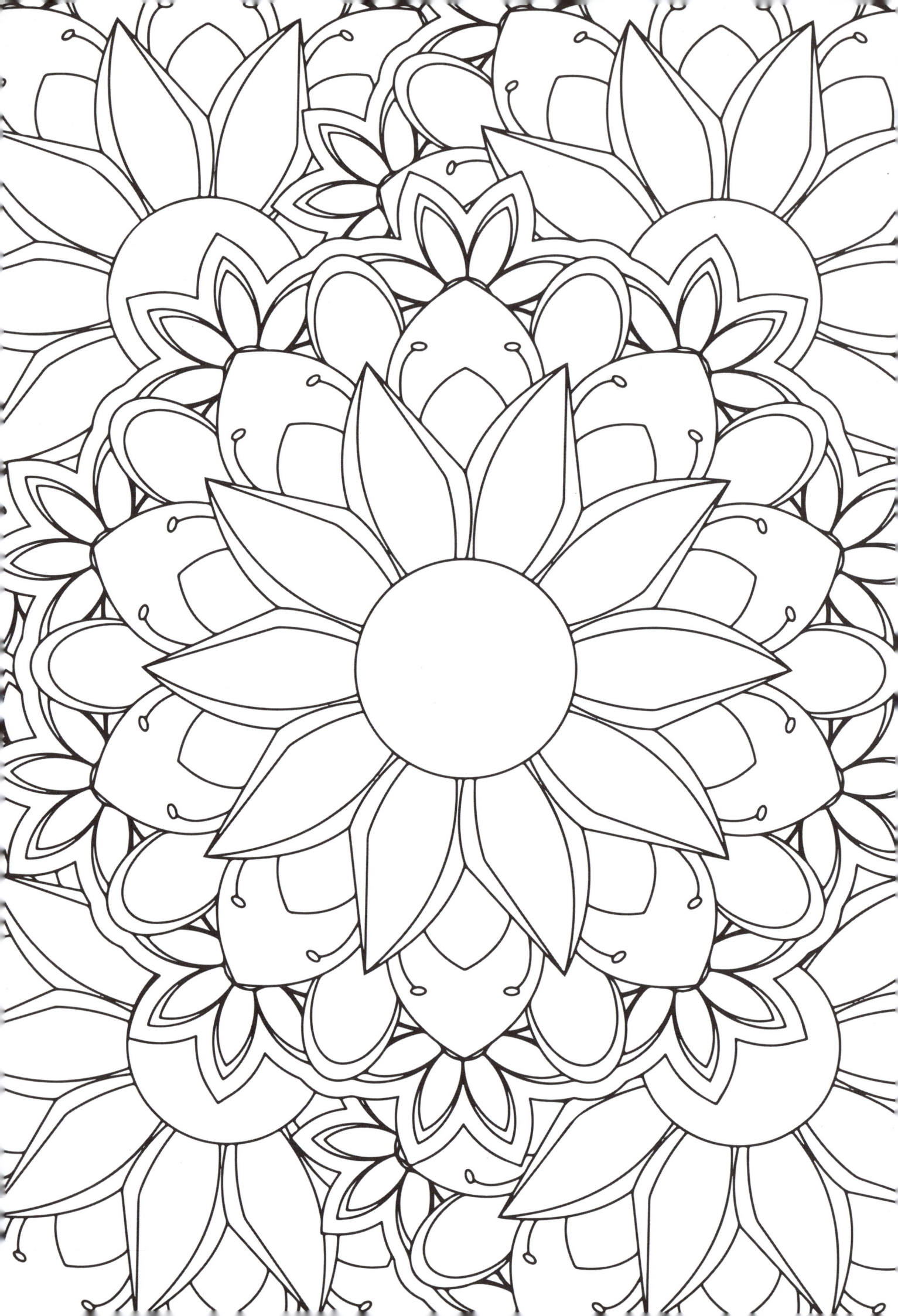